El Lenguaje De Mi Cuerpo

Guía Práctica Del Lenguaje Corporal

Milko Barandiarán Misic

EL LENGUAJE DE MI CUERPO: GUÍA PRÁCTICA DEL LENGUAJE CORPORAL

Índice

Dedicatoria

Hoy, te dedico estas palabras con todo mi corazón, porque sé que estás a punto de emprender un viaje fascinante hacia el autodescubrimiento y el éxito. Este libro, "El Lenguaje De Mi Cuerpo: Guía Práctica Del Lenguaje Corporal", no es solo un compendio de conocimiento, es una herramienta poderosa que te ayudará a desvelar los secretos de tu propio ser y a conquistar el mundo que te rodea.

Cada página que hojees, cada concepto que asimiles, será un paso más hacia la comprensión de ese lenguaje silencioso que tu cuerpo habla constantemente. Descubrirás que las manos, los ojos, la postura, y hasta la sonrisa, son mensajes codificados que transmites al universo y a quienes te rodean. Aprenderás a interpretarlos y, lo que es aún más importante, a utilizarlos a tu favor.

No olvides nunca que tu cuerpo es tu aliado más cercano, tu cómplice en el escenario de la vida. A través de estas páginas, te invito a escuchar sus susurros, a comprender sus gestos y a utilizar su poder con sabiduría. La autenticidad y la confianza que emanarán de ti serán irresistibles para aquellos que crucen tu camino.

Este libro no solo te brinda conocimiento teórico, sino que también te ofrece ejemplos prácticos que te ayudarán a integrar este lenguaje en tu día a día. Te convertirás en un maestro de la comunicación no verbal, un líder en la danza de la vida, y un verdadero conquistador de tus metas y sueños.

Así que, querido lector, te animo a sumergirte en estas páginas con mente abierta y corazón dispuesto. Abraza esta oportunidad de crecimiento personal y transformación. Permítete descubrir tu mejor versión y conquistar cada desafío que se presente en tu camino.

El lenguaje de tu cuerpo es una poderosa herramienta, y con esta guía, puedes convertirlo en la clave de tu éxito. ¡Confía en ti mismo, confía en tu cuerpo y déjate llevar por el poder de la comunicación no verbal!

Con cariño y respeto,

Milko Barandiarán

Introducción

Cuando escuchas o lees la palabra comunicación ¿Qué viene a tu mente? Lo más probable es que te imagines, ante esta pregunta, a dos o más personas teniendo una conversación o a alguien dando un discurso ante un público. Por supuesto, en situaciones como estas o análogas los seres humanos nos estamos comunicando pero ¿Cómo lo hacemos? ¿Qué significa comunicarse?

Según la Real Academia Española, comunicar significa descubrir, manifestar o hacer saber a alguien algo. También significa transmitir señales mediante un código común al emisor y al receptor. Cuando comunicamos algo estamos transmitiendo un mensaje pero, ¿Ese mensaje solo lo comunicamos con palabras?

Todos los días producimos y recibimos una gran cantidad de mensajes que comunicamos o transmitimos más de manera no verbal que verbalmente. La forma de comunicación verbal se compone de la palabra hablada y la escrita, la cual es una representación gráfica de signos. En cambio, la comunicación no verbal abarca desde las expresiones faciales y gestos hasta la apariencia, postura, el tono de voz, contacto físico y la distribución del espacio.

Día a día nos comunicamos más de manera no verbal que verbalmente sin darnos cuenta. Esto se debe, a que hacemos gestos, ademanes, entre otros movimientos con nuestro rostro y cuerpo según como nos sentimos en un momento dado.

Además, solemos transmitirla inconscientemente y nuestros interlocutores suelen percibirlo también de manera inconsciente pero, si aprendemos a leerlo y a usarlo podemos sacarle mucho provecho. Y gracias a ella, la confianza de nuestros interlocutores puede verse mermada o aumentada. Puede ser una persona con facilidad de palabra pero de gestos serios y poco afables. En cambio, puede ser menos expresivo verbalmente pero una sonrisa y un carácter simpático le pueden "ganar" muchos más adeptos.

El Poder Del Lenguaje No Verbal
En Nuestra Vida Cotidiana

Con nuestras expresiones faciales, gestos y movimientos corporales algunas personas pueden deducir nuestro estado de ánimo fácilmente. Podemos con nuestro cuerpo; o alguien puede con su cuerpo y expresiones, comunicarnos si está feliz, si se siente triste, si está satisfecho o no, si siente ira, miedo, vergüenza y cualquier otro tipo de emoción. Podemos dominar una conversación, una negociación o cualquier otro tipo de situación o ceder el dominio de esta.

El lenguaje corporal puede comunicar parte de nuestra personalidad: Si tenemos confianza en nosotros mismos o si no, si somos dominantes o más bien sumisos, por ejemplo nos sentimos más poderosos cuando expandimos nuestro pecho para vernos más grandes, en cambio, nos cerramos cuando nos envolvemos con los brazos y encogemos las rodillas porque nos sentimos vulnerables.

El lenguaje no verbal es el lenguaje del rostro y cuerpo. Incluye expresiones, el movimiento de nuestras extremidades (brazos, manos, piernas), postura, la proximidad que tenemos con las otras personas al hablar, imagen personal y más. Por eso se le llama o conoce más comúnmente como lenguaje corporal.

En todo momento y ante toda situación transmitimos algo con nuestro cuerpo. Nuestra forma de sonreír, nuestra postura, nuestro tono de voz, nuestra manera de vestir; todo eso, comunica algo que nuestros interlocutores y estos pueden o no percibirlo subconscientemente.

La forma en que nos comportamos varía de acuerdo con nuestro estado de ánimo, por ejemplo nosotros sonreímos de la misma forma cuando estamos felices a cuando lo hacemos intentando ocultar ira o desagrado, o no solemos tener la misma postura corporal cuando estamos tristes a cuando estamos alegres, hay gestos que pueden delatarnos si mentimos o estamos nerviosos, otros que nos hacen ver honestos. Por ejemplo, en la película Rounders de 1998 Matt Damon, jugador de poker, basa sus jugadas en la observación del lenguaje corporal de sus rivales para apostar y ganar las partidas (Figura 1).

Figura 1 (Fuente: https://www.pokertube.com/article/why-was-rounders-a-great-movie-for-poker)

Aprender las bases del lenguaje corporal te ayudará sacarle provecho al mismo y saber cómo comunicar lo que deseas. Podrás causar la mejor de las impresiones en diferentes ámbitos tu vida laboral como negociaciones y discursos e incluso podrás mejorar tu vida personal.

También podrás leer a tus interlocutores y entender lo que te están diciendo sin palabras. De esa forma podrías cambiar tus estrategias si notas que los estás aburriendo, que no están interesados en lo que dices o, todo lo contrario. Por ejemplo si estás dando un discurso y lees disgusto en tu público podrías aclarar algo que hayas dicho que pudo ser el desencadenante de ese disgusto, si estás vendiendo un producto o servicio puedes cambiar tu estrategia de ventas según lo que te comunique el posible comprador con su cuerpo.

¿Te centrarías más en venderle a aquel que notes verdaderamente interesado que a aquel al que percibas apático, cierto? Leer bien el lenguaje corporal de un posible comprador podría asegurarte una venta. Las posibilidades serán infinitas si aprendes a aprovecharlo de verdad. Esta guía está enfocada en eso y te brindará las bases para que lo aproveches tanto en tu vida profesional como personal.

Tipos De Lenguaje Corporal

Para entender el lenguaje corporal, hay que entender y saber diferenciar las expresiones corporales eficazmente. En la mayoría de ocasiones un simple gesto no basta para leer la veracidad de lo que les ocurre a otras personas o para transmitir lo que deseas. Tendrás que tener en cuenta todos los siguientes elementos que son considerados, canales dentro de la comunicación no verbal. Estos canales conforman lo que se conoce como lenguaje no verbal en general:

Gestos

Es uno de los tipos de lenguaje corporal más conocidos. Abarca todo tipo de movimientos corporales:

Ademanes con las manos, dedos o brazos, movimientos con las piernas (si se cruzan, si se mueven demasiado, etc.), la dirección de los pies, inclinaciones de la cabeza, rascarse, tocarse el cabello, entre otros. Existen los gestos ilustradores que acompañan la comunicación verbal y preceden las palabras y tiene una estrecha relación con la credibilidad (Figura 2).

Figura 2

Otros tipos de gestos: emblemáticos, tienen su propio significado sin necesidad de palabra y transmiten nuestros sentimientos (Figura 3); adaptadores, manipulaciones de nuestro propio cuerpo y objetos para canalizar las emociones (Figura 4); y reguladores, con los que dirigimos la interactuación (Figura 5).

Emblemático (todo está bien)

Figura 3

Adaptador (nervios o ansiedad)

Figura 4

Figura 5

Regulador (Apretón de Manos)

Expresiones Faciales

Junto a los gestos este es otro de los tipos de lenguaje corporal más conocidos. Abarca cualquier gesto facial: Levantamiento de cejas, arrugas en el contorno de los ojos, la sonrisa, el ceño fruncido, marcas en la frente, contacto visual o carencia de este, cualquier gesto con la boca, ojos, etc. El rostro refleja de manera innata y universal las seis emociones básicas: alegría, tristeza, miedo, sorpresa, ira y asco (Figura 6).

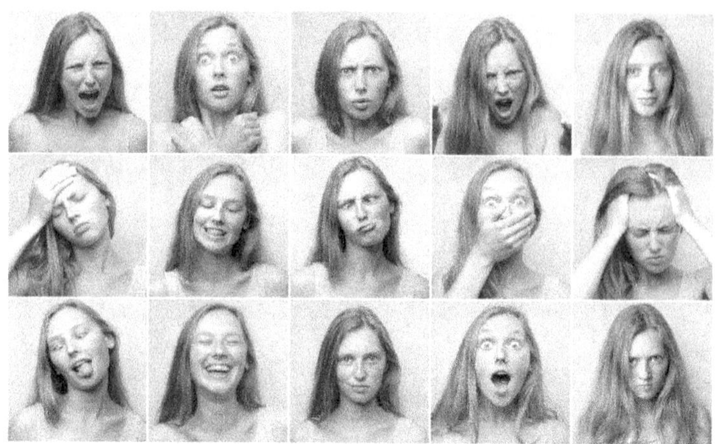

Figura 6

Microexpresiones

Se relacionan con el tipo de lenguaje corporal anterior pero conviene definirlas por separado ya que existe una característica muy importante que las diferencias de las simples expresiones faciales. Mientras que a las expresiones faciales puedes controlarlas, así como con el resto del lenguaje corporal, con las microexpresiones esto no es posible.

Estas son expresiones mínimas, casi insignificantes que, de manera involuntaria y fugaz alguien emite ante un sentimiento o emoción o cuando trata de ocultar un sentimiento o emoción. Aparecen y desaparecen en cuestión de segundos, son inevitables e incontrolables. Por ejemplo, si una persona roza o se toca el cuello o juega con el collar, puede indicar nerviosismo o ansiedad. Cuando nos encontramos en una situación cómoda, tendemos a estirar más las extremidades, sino las cerramos tratando de ocultar información.

Dentro del lenguaje corporal en general, las microexpresiones son el tipo más difícil de aprender a captar y leer (Figura 7).

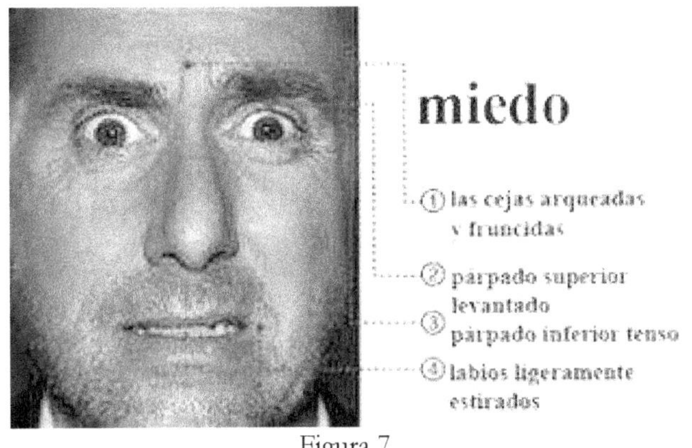

Figura 7
(Fuente: https://urtzisanchez.wordpress.com/2013/12/21/lenguaje-o-comunicacion-no-verbal/)

Paralenguaje (Voz)

Seguramente en algún momento has oído la siguiente expresión popular: *"No es lo que dices si no cómo lo dices"*.

Esta es una expresión muy cierta. El volumen, tono o velocidad de nuestra voz revela importante información. La voz tiene también una enorme influencia en la credibilidad y la persuasión. Lo que dices puede cambiar en significado según la forma en que lo digas (Figura 8).

Tus interlocutores no te percibirán de la misma forma si hablas con seguridad y en un tono de voz adecuado a si lo haces con un tono de voz muy bajo. En la primera situación te percibirán como alguien seguro de sí mismo y en la segunda, todo lo contrario.

Cambiará la forma en la que expresas con el habla un mensaje por ejemplo si estás triste, enojado o avergonzado. Recuerda que el silencio también comunica.

Puede que estés diciendo el mismo mensaje pero según cómo lo digas, transmitirás diferentes cosas. De eso se trata este tipo de lenguaje corporal. Abarca: Tono de voz, velocidad del habla, si la voz tiembla o no, etc.

Figura 8

Postura Del Cuerpo

Expresa el grado de interés y apertura hacia los demás. También es un potente indicador del estado emocional y predisposición a la acción. Además, tiene una gran incidencia en nuestra imagen personal (Figura 9).

Cuando vemos por la calle a alguien caminar encorvado se nos viene a la mente que está desganado, si alguien está sentado muy rígido nos denota que está incómodo, lo contrario nos hará percibirlo cómodo y confiado. De esto se trata este tipo de lenguaje corporal. La postura de nuestro cuerpo también puede hablar por nosotros.

Figura 9

Imagen Personal (Apariencia)

Tu ropa, la elección de tus zapatos, los accesorios que usas, el maquillaje, el largo de tu cabello, higiene, etc. Todo eso forma parte de tu imagen personal y nos habla de tu edad, sexo, origen, cultura, profesión, condiciones social y económica, entre otros muchos datos.

La apariencia sigue siendo la principal fuente de información a la hora de formarnos una primera impresión de alguien, por más que tratemos de eliminar los estereotipos.

¿Qué pensarías de alguien que tocara la puerta para tratar de venderte un producto sofisticado vistiendo traje de baño y sandalias?

Lo más probable es que tu reacción sea no atenderlo y no es para menos, especialmente si vives en la ciudad y no hay playas cercanas. ¿Por qué crees que los vendedores suelen vestir traje? Lo mismo los abogados, contadores y personas que ejercen profesiones afines a estas.

Lo hacen porque saben que causando una buena impresión con su imagen personal tienen más oportunidad de vender o de ganar clientes que si descuidan su imagen. Si hacen esto último no suelen tomarlos en serio.

El subconsciente de sus interlocutores ante una pobre imagen personal dirá: "Ha esta persona no le va bien o es muy relajado así que no debe vender mucho y eso debe ser porque lo que vende no funciona" o "esta persona no parece profesional, no debe serlo, está intentando engañarme".

Debes tener mucho cuidado con tu imagen personal si quieres tener éxito en cualquier aspecto de tu vida. Tu imagen personal puede comunicar mucho: Profesionalismo o falta de él, autoridad, entre otros conceptos (Figura 10).

Figura 10

Proximidad (Proxémica)

La distancia que mantienes con tus interlocutores cuando te comunicas con ellos también influye en la forma en que interpretan el lenguaje de tu cuerpo o todo aquello que les digas sin palabras. Lo cierto es que cada persona tiene su propio espacio y puede variar según su estado de ánimo o las circunstancias ambientales.

En algún momento de tu vida te habrás sentido incómodo con alguien que haya invadido tu espacio personal. A todos nos ha pasado alguna vez y no hay que ser expertos en lenguaje corporal para saber que ese es un gesto agresivo y que por eso resulta incómodo. Al menos por parte de alguien a quien no le tenemos especial confianza o un vínculo muy fuerte que justifique una excesiva cercanía o proximidad, que implica un gesto íntimo.

Todos tenemos una especie de barrera imaginaria que nos ayuda a determinar cuando la distancia que nos separa de otros es correcta en un momento determinado y cuando no. Las distancias entre personas se dividen en íntima (menos de 45 cm), personal (entre 45 cm y 120 cm), social (más de 120 cm) y pública (más de 360 cm) (Figura 11).

Generalmente nos sentimos cómodos manteniendo una distancia de al menos 45 cm con nuestros interlocutores. Si alguno traspasa esa distancia, nos parece incorrecto, salvo que sea una persona de mucha confianza o, según las condiciones del medio pues, las características de este nos ayudan a determinar el grado de proximidad adecuado también.

Así por ejemplo si estás en un club con amistades y hay excesivo ruido no considerarás una invasión del espacio personal acercarte más de lo usual para hablar pues, de lo contrario no podrán escucharte pero, si vas a una entrevista de trabajo ¿Qué crees que pensará tu entrevistador si te acercas más de 45 cm a él para hablarle antes de irte?

Arruinarás la buena impresión que habías causado hasta el momento con esto porque le estarás comunicando que abusas de una confianza que no te han dado.

Si deseas agradar a los demás o causar una buena impresión no puedes acercarte demasiado porque traspasarás esa barrera imaginaria que todos tenemos, salvo que las condiciones del medio lo ameriten o según sea necesario.

Figura 11
(Fuente: https://www.pamelajean.mx/blog-lenguajecorporal)

Contacto Físico (Háptica)

Resulta imprescindible a la hora de establecer intimidad, denota compromiso y revela información muy sensible, como la posición de dominio en la interacción, incluso podría influenciar en las conductas ajenas. El contacto físico es íntimo por lo que si exageramos incomodaremos a nuestros interlocutores y daremos una mala impresión.

Así por ejemplo, un toque o golpecito en el hombro implica un contacto físico favorable aún entre personas que no se tienen confianza. De hecho, ayuda a crear confianza y por eso lo usan mucho los políticos pero, un apretón de manos que resulte demasiado prolongado será entendiblemente incómodo (Figura 12).

Hay que tomar en cuenta el ámbito en el que nos encontramos e influencias culturales y costumbres en cada situación, para cuidar la forma en que hacemos contacto físico con nuestros interlocutores.

Por ejemplo, en una entrevista de trabajo debemos estar al pendiente del contacto que ejerzan los demás con nosotros para leer sus intenciones, así responderemos de manera apropiada.

Figura 12

Beneficios De Leer Las Expresiones Corporales

La comunicación existe desde que el ser humano apareció en la tierra y es uno de los procesos más importantes y complejos. No podemos saber lo que piensa una persona a través de su comunicación, pero el lenguaje corporal nos permite inferir cómo se siente, qué rasgos dominan su personalidad o cuáles son sus intenciones.

Aprender a leer las expresiones corporales te ayudará a:

Mejora La Comunicación

Los seres humanos somos seres sociables por naturaleza. Necesitamos comunicarnos con otros todo el tiempo y ante todo tipo de situaciones. En realidad, aunque unos somos más sociables que otros no podemos vivir sin otras personas. Al menos no sanamente.

En ese sentido, uno de los más grandes beneficios del lenguaje corporal es que mejora nuestra comunicación y de esa forma nos ayuda a mejorar las relaciones con los demás dentro de cualquier ámbito: Personal, laboral, familiar u otro, Así como a cumplir propósitos.

En cualquier situación donde amerites comunicarte efectivamente con los demás el lenguaje corporal te será de especial apoyo: Para ligar o seducir, para ganarte a tu público ante un discurso, para cerrar negocios, expresar una emoción, etc.

Permite Persuadir Con Efectividad

Puedes usar el lenguaje corporal a tu favor para resultar agradable en todo momento ante los otros y causarles una buena impresión, lo que es esencial ya que si causas una mala impresión será difícil que la cambies.

Si te dedicas a las ventas, si requieres el apoyo de muchas personas porque quieres ejercer la política, si necesitas constantemente convencer a otros en reuniones de negocios o para cualquier situación donde te sea provechoso un poco de persuasión, dominar el lenguaje corporal será necesario.

Mejora La Inteligencia Emocional

El lenguaje no verbal comunica todo tipo de emociones tanto positivas como negativas. Por eso, aprender a leerlo mejora la inteligencia emocional pues, permite comprender lo que siente la otra persona, al hacerlo, podemos ser más asertivos en nuestro comportamiento hacia otros y eso mejora mucho las relaciones.

¿Cuántas parejas se divorcian porque uno no sabe entender las emociones del otro? Muchas.

Seguramente conocerás a alguien que frecuentemente se quejaba de que su esposa o esposo era apático(a) con respecto a sus sentimientos pero, lo más probable es que no supiera leerlos y que, la relación en general tenía problemas por falta de comunicación. Lo cierto es que entendiendo el lenguaje corporal muchas parejas recuperarían sus matrimonios.

¿Y durante una negociación no te sería de más provecho reconocer quién tiene o no genuino interés en comprarte para centrar tus esfuerzos en los verdaderos interesados y no perder el tiempo?

En todo tipo de situaciones, el lenguaje corporal te ayuda a entender emociones, adelantarte a ciertas situaciones y beneficiarte de ello.

Ayuda A Detectar Mentiras

Saber si otros nos mienten nos beneficia. El lenguaje corporal nos puede ayudar con ese propósito porque nos permite conocer las emociones ocultas de las personas, no solo lo que nos quieren mostrar.

El Lenguaje Corporal Y Los Líderes Mundiales

Por si tienes dudas sobre el poder del lenguaje corporal debes tener en cuenta que casi en su totalidad, los líderes mundiales, ya sean políticos, o no, usan el lenguaje corporal en su provecho y eso le ha asegurado el éxito a la mayoría a lo largo de la historia.

Es una forma de interacción silenciosa, espontánea y sincera que ilustra la verdad de las palabras no pronunciadas. Al ser todos nuestros gestos un reflejo instintivo de nuestras reacciones que componen nuestra actitud mediante el envío de mensajes corporales continuos, esta manera revelamos con transparencia nuestras verdaderas intenciones, emociones y sentimientos.

Resulta que varios de nuestros gestos constituyen una forma de declaración silenciosa que tiene por objeto dar a conocer nuestras verdaderas intenciones a través de nuestras actitudes. Daniel Goleman, conocido como el padre de la inteligencia emocional, dice que los investigadores han llegado a la conclusión de que aquellos que pueden interpretar y leer el lenguaje corporal y que son capaces de percibir como nos ven los demás, disfrutan de un mayor éxito en la vida que las personas que carecen de estabilidad.

Uno de los pilares del lenguaje corporal es nuestra apariencia, la cual viene determinada en gran medida por la vestimenta y complementos que utilizamos en cada una de nuestras actividades.

Muchos líderes eligen una apariencia elegante con traje de color negro, gris oscuro o azul marino, una camisa blanca o color pastel, lisa o con rayas y una corbata discreta, ya que transmite su personalidad, carácter, autoridad y respeto. Otros prefieren utilizar vestimenta sport elegante o un traje incompleto, sin corbata, hasta ropa casual como camisa con jeans, donde combinan el blazer con el pantalón de un color diferente, un suéter de cuello en "V" y camisa lisa o con rayas y de manga corta o larga. Por ejemplo, en el 2015 Mauricio Macri y Sergio Massa, candidatos a la presidencia de argentina, se les vio en varios spots publicitarios con una apariencia más casual intentando mostrarse como personas comunes y generar mayor cercanía con las personas.

Uno de los grandes líderes que utilizó muy bien el lenguaje corporal fue Hitler. Él se iba a las obras de teatro y observaba los personajes de poder, los movimientos que realizaban y los imitaba constantemente hasta que podía dominarlos y observó cómo podía influir en las grandes masas con cualquier persona, lo hizo de una manera destructiva pero utilizó muy bien esta herramienta. Otro líder mundial, Juan Pablo II, antes de ser papá estudio teatro. Él supo qué tipo de saludo, inclinación incluso que tipo de sonrisa realizar para ganar más empatía con todos sus seguidores.

Los grandes líderes de la historia, además utilizar muy bien la herramienta de lenguaje corporal, se enfocan en la autodisciplina, que significa estar practicando constantemente esta habilidad de lenguaje corporal y es lo que tú tienes que hacer, estar practicando, practicando y practicando. Además, utilizan de manera consciente los llamados ilustradores, movimientos de las manos que son universales.

El primer ilustrador, la amplitud, es cuando hablamos y pegamos o separamos los brazos del cuerpo al emocionarnos. El segundo, la velocidad, es el autocontrol, cuando las personas están perdiendo el control de sí mismo y la velocidad del ilustrador es demasiado rápido. Por ejemplo, cuando realizan una pregunta incómoda y se empieza a perder la inteligencia emocional se ve porque el ilustrador empieza ir demasiado rápido. El tercero, la repetición, es cuando hacemos tres o más veces el mismo movimiento con la intención de darle énfasis a los puntos más importantes y que queremos resaltar de toda nuestra comunicación. El cuarto, la simetría, es cuando la mano derecha se mueve igual que la mano izquierda. Esto nos transmite ecuanimidad entre lo que estoy pensando y diciendo.

El último ilustrador es la trayectoria, la cual puede ser centrífuga que sale del cuerpo de dentro hacia afuera o centrípeta, movimiento hacia el cuerpo de afuera hacia adentro. Por ejemplo, cuando un líder se dirige a un público y dice "…esto ha sido creado pensando en todos ustedes…" y al mismo tiempo los brazos salen del cuerpo abiertamente en dirección del público, está utilizando el ilustrador de trayectoria centrífuga. En cambio, cuando se utiliza el ilustrador de trayectoria centrípeta, el líder asume una responsabilidad como cuando dice "…si tienes una pregunta acércate a mí que yo te la voy a resolver…" o "…yo estoy para servirte…" o "…yo estoy para ayudarte…" y al mismo tiempo acerca los brazos hacia el cuerpo.

Cuando los líderes hablan más con la parte derecha del cuerpo, por ejemplo con la mano, están transmitiendo la parte lógica del cerebro no importa si son zurdos o diestros. Pero cuando hablan más con la parte izquierda del cerebro, están transmitiendo emociones o creatividad. Dependiendo del tipo de información que están comunicando, utilizan más movimientos de un lado del cuerpo que del otro para generar mayor empatía y credibilidad. Por ejemplo, cuando Barack Obama visitaba un país, normalmente saludaba al público con la mano izquierda. Esto lo hacía para activar la parte emocional con las demás personas. Además, siempre mostraba las palmas de las manos o tenía las palmas hacia arriba, de esta manera generaba una mayor conexión porque es una muestra de sinceridad y confianza.

Por último, necesitan ser buenos oradores para convencer a sus seguidores o público. El lenguaje corporal sirve de apoyo esencial al momento de ser carismáticos, lograr que el público tenga interés en su discurso y que las otras personas los perciban sinceros.

Las 6 Emociones Básicas E Innatas

Según la Real Academia Española, la emoción es la alteración del ánimo intensa y pasajera, agradable o penosa, que va acompañada de cierta conmoción somática, es el interés, generalmente expectante, con que se participa en algo que está ocurriendo. No hay que confundirla con el sentimiento, el cual tiene una intensidad menor, viene después de la emoción cuando interviene la consciencia e interpretamos una emoción y se puede regular a través del pensamiento.

Las emociones organizan nuestro entorno, experiencias y las actividades que realizamos, van cambiando en función de las demandas del entorno a partir de las experiencias personales y sociales y orientan nuestro comportamiento con el fin de aumentar la probabilidad de supervivencia y de garantizarnos bienestar.

Las emociones están formadas por tres componentes:

❖ **Cognitivos:** Es la forma que procesamos la información en cualquier momento y como su procesamiento nos influye a la hora de enfrentarnos a diferentes situaciones.

❖ **Fisiológicos:** Son los cambios involuntarios que ocurren en nuestro sistema nervioso autónomo y endocrino, que producen por ejemplo cambios la respiración y presión arterial o dilatación de pupilas.

❖ **Conductuales:** Son los que reflejan las emociones en el exterior como por ejemplo los gestos y expresiones faciales.

Existen diferentes tipos de emociones que se clasifican de acuerdo con su nivel de intensidad y duración, desde las emociones primarias, básicas o reactivas con duración de segundos, pasando por las emociones secundarias o anticipativas como la culpa, el odio, los celos o el orgullo con una duración de minutos u horas y los estados de ánimo o predisposicionales como la ansiedad con una duración de días o meses para finalmente terminar en la personalidad con una duración de años. Todas las emociones tienen tres funciones principales: Adaptativa, social y motivacional.

❖ **Adaptativa:** Prepara al organismo para que ejecute una conducta exigida por las condiciones ambientales, que movilice la energía necesaria y dirija la conducta a un objetivo determinado.

❖ **Social:** Se basa en la expresión de las mismas, permitiendo predecir nuestro el comportamiento.

❖ **Motivacional:** Una emoción puede facilitar la aparición de conductas motivadas, dirigirlas a una determinada meta y hacer que se realicen con una determinada intensidad.

Las emociones primarias, básicas o reactivas son 6: Ira, Miedo, Tristeza, Asco, Sorpresa y Alegría, las cuales son expresiones innatas con una función adaptativa que tenemos en respuesta a un estímulo y comunes a todos los seres humanos.

La Ira

Se relaciona con la indignación, cólera, enfado, frustración y rabia. Aparece cuando percibimos que algo que queremos o deseamos no sale como esperábamos. También cuando percibimos que alguien interfiere intencionadamente en la consecución de nuestros objetivos o como mecanismo de autoprotección y/o autodefensa cuando nos sentimos ofendidos por otras personas o maltratados. Ayuda a eliminar obstáculos que impiden alcanzar la meta deseada, inhibe reacciones indeseables de otras personas y evita así la confrontación.

La ira será más intensa cuanto más injustificados, injustos y gratuitos sean el daño y la ofensa percibidas. Sus funciones son las autoprotección y defensa de la integridad propia o dignidad, como a la protección de lo que valoramos como nuestro (familia, creencias, juicios, valores) (Figura 13).

Figura 13

El Miedo

De esta emoción surgen los estados de inseguridad, ansiedad o incertidumbre. Facilita la aparición de respuestas de escape y moviliza gran cantidad de energía para responder de forma muy intensa y rápida. No todas las personas viven el miedo de la misma manera e intensidad y depende de cada una lo que considera peligro o amenaza.

Se experimenta cuando se está frente a situaciones o estímulos que se consideran un peligro real o imaginario presente o inminente y por tanto nuestro bienestar se ve amenazado, y es por esto que nuestro cuerpo reacciona y nos prepara para enfrentarnos o huir de ese peligro. Su función es protegernos tanto física como psicológicamente.

En cualquier caso, el denominador común en todas las situaciones desencadenantes del miedo es su capacidad para poner en funcionamiento el sistema de conducta de emergencia, que proporciona la activación necesaria para evitar o huir de la situación (Figura 14).

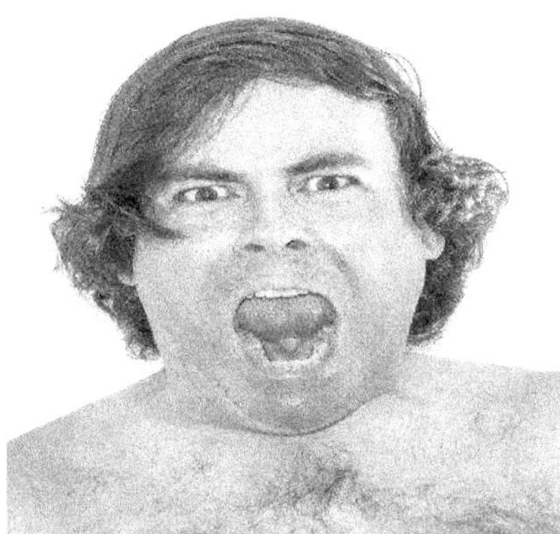

Figura 14

La Tristeza

Aparece ante la percepción de una pérdida o fracaso, real o probable y permanente o temporal, de una meta valiosa, entendida ésta como un objeto o una persona. También se experimenta si es alguien importante para la persona el que pasa por esa pérdida o fracaso. De ella derivan otras emociones secundarias como la soledad y el pesimismo. Además puede estar en nuestro presente como reflejo de recuerdos del pasado o anticipación de lo que creemos será el futuro.

Reduce el ritmo de actividad general del organismo potenciando la posibilidad de valorar otros aspectos de la vida, reclama la ayuda de otros, apacigua reacciones agresivas de los demás y fomenta la aparición de empatía.

La tristeza es atemporal, así se puede experimentarla cuando alguien recuerda una pérdida importante del pasado, presente o de futuro. Sus funciones son la reintegración personal, la cohesión con otras personas, comunicación con los demás acerca de su situación, nos motiva pedir ayuda y aumentar los nuestros propios recursos (Figura 15).

Figura 15

El Asco

Produce respuesta de escape, rechazo o evitación ante estímulos desagradables, repugnantes, aversivos o peligrosos y potencia el desarrollo de hábitos adaptativos. Es un mecanismo de defensa que tenemos para proteger nuestro cuerpo, de ahí que muchas veces las náuseas sean una de las respuestas.

Dependiendo de los ámbitos que, por aprendizaje e influencias culturales, pueden llegar a desencadenar la emoción de asco. Su función es una respuesta de escape o evitación, aunque su reacción principal tiene que ver con rechazo a estímulos biológicos pero también aplica a la gran diversidad de situaciones sociales, morales, éticas o de cualquier otro aspecto relacionado con los contextos de interacción social que nos parece poco aceptada (Figura 16).

Figura 16

La Sorpresa

Es un tipo de emoción neutra y la más breve en su duración, que se genera a partir de la aparición de un estímulo novedoso moderadamente intenso o acontecimiento inesperado e imprevisto y produce sobresalto, desconcierto o asombro. Nuestro organismo siente que ha fracasado en su intento por predecir el mundo exterior, entonces intenta explicarse a sí mismo ese estímulo inesperado para determinar si es una oportunidad o si ese suceso es una amenaza.

Facilita la aparición de la reacción emocional y comportamental apropiada para la situación, así como la dirección de procesos atencionales. Recluta y dirige recursos cognitivos a la situación novedosa. Sus funciones son facilitar la reacción emocional apropiada ante la nueva situación, facilitar procesos de atención y conductas de exploración y orientación, y dirigir procesos cognitivos a la nueva situación (Figura 17).

Figura 17

La Alegría

Es una emoción innata positiva que se experimenta desde el nacimiento y que a medida que crecemos se convierte en una gran fuente de motivación. Es una base fundamental para nuestra supervivencia y aparece cuando se consigue, o se acerca, a la consecución de una meta o logramos algo que deseamos.

Incrementa la capacidad para disfrutar diferentes aspectos de la vida, genera seguridad, sensación de bienestar y actitudes positivas ante uno mismo y ante los demás. También da sensación de vigorosidad, competencia, trascendencia y libertad, favorece las relaciones interpersonales, así como el aprendizaje y la memoria ya que aumenta la curiosidad y habilidad mental.

A veces aparece con la expectativa o probabilidad subjetiva de ocurrencia de un acontecimiento positivo. Sus funciones son de afiliación y reproducción, disfrutar experiencias vitales, generar actitud positiva, facilitar nexos y relaciones interpersonales, inducir sensación de vigorosidad, trascendencia y libertad, favorecer procesos cognitivos y la flexibilidad mental (Figura 18).

Figura 18

Las Expresiones Corporales Y Faciales Más Comunes Y Su Significado

Muchas expresiones corporales y faciales dentro del lenguaje corporal son propias de hombres y otras de mujeres, pero, la mayoría es común para ambos géneros. Es decir, muchas emociones las expresamos igual tanto hombres como mujeres, salvo excepciones como el gesto de tocarse el cabello para coquetear que es más propio de las mujeres o el de llevar las manos a las caderas para indicar poder que es más propio de los hombres.

Se explicarán a continuación las expresiones corporales y faciales más comunes y lo que puede significar su uso:

La Sonrisa

Sonreímos cuando estamos felices, cuando algo nos agrada, como un gesto para agradar a los demás. El significado esencial de la sonrisa engloba: optimismo, alegría, agrado, satisfacción, etc.

Una persona es percibida por otros como carismática y agradable cuando sonríe. La seriedad transmite todo lo contrario.

Es difícil agradar y convencer a otros sin una sonrisa pero con ella se pueden lograr grandes cosas. Es la herramienta más útil con la que contamos para socializar efectivamente y en el área laboral también nos puede ayudar muchísimo. Si no lo crees trata de ser un buen vendedor sin usar la sonrisa como herramienta en tu mensaje de ventas y verás lo difícil que será.

Si prestamos atención a cuando sonreímos o a cuando alguien sonríe nos daremos cuenta de que hay sonrisas diferentes y de que no siempre una sonrisa transmite alegría porque no sonreímos nada más cuando estamos alegres.

Hay sonrisas "falsas", hipócritas, sonrisas que una persona realiza en un intento por ocultar desagrado pero no pueden ocultarlo porque el cuerpo habla por sí solo, es fácil percibir una sonrisa falsa, es demasiado falsa como para no hacerlo, es una sonrisa tan forzada que ni llega a los ojos.

Hay sonrisas que esconden tristeza o rabia también, la primera no suele llegar a los ojos e iluminarlos como cuando una persona sonríe estando feliz de verdad, la segunda generalmente implica que la persona apriete los labios.

La sonrisa que transmite alegría y que es percibida como sincera se conoce popularmente como "Sonrisa duchenne". Es una sonrisa en la que los dientes se muestran apenas, en la que las comisuras de los labios ascienden y que logra que se formen las llamadas "patas de gallo" en el área de los ojos. Esa es la sonrisa espontánea que surge por parte de todos cuando sonreímos con autenticidad. Es difícil recrearla si no estamos sonriendo sinceramente (Figura 19).

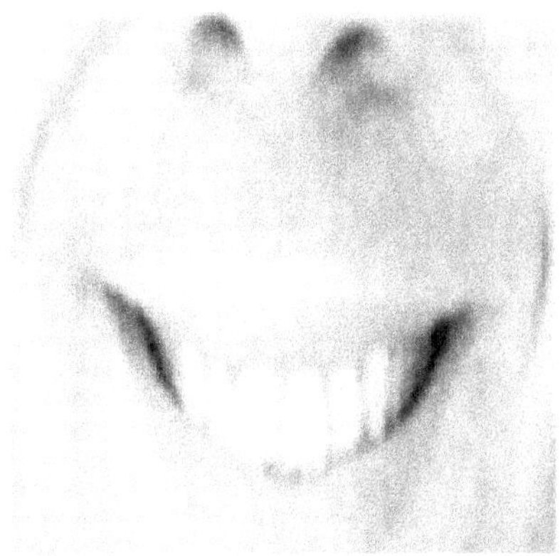

Figura 19

Apretón De Manos

El apretón de manos es un gesto universal pero la forma en que ofrecemos nuestra palma para hacerlo o en que la otra persona lo hace tiene significados diversos. Ofrecer la palma completamente hacia arriba es un signo indicativo de sumisión pero, cuando se ofrece hacia arriba inclinada ligeramente es percibida como una bienvenida. Si se ofrece la palma hacia abajo es un signo agresivo porque no se le está dejando más opción a la otra persona salvo que muestre la palma hacia arriba en sumisión (Figura 20).

Figura 20

Rubor

Es un signo muy conocido de vergüenza aunque puede indicar culpa. No todas las personas adquieren rubor en su cara pero muchas si lo hacen (Figura 21).

Figura 21 (Fuente: Freepik.com)

Brazos Cruzados

Generalmente indican que la persona está cerrada, que intenta crear una barrera defensiva entre ella y su interlocutor aunque, puede expresar enojo en ocasiones o simplemente puede indicar que alguien tiene frío (Figura 22).

Figura 22

Colocar Las Manos En Las Caderas

Indica una actitud de poder, hasta podría interpretarse como agresiva. Comúnmente se utiliza para establecer superioridad o presencia dentro de un grupo social (Figura 23).

Figura 23 (Fuente: Freepik.com)

Taparse La Boca Con Las Manos

Indica que no se está seguro o quieres ocultar algo (Figura 24).

Figura 24

Expresiones Que Denotan Nerviosismo O Inseguridad

Hay muchas: Jugar con los accesorios que se llevan puestos (collar, reloj, pulseras, etc.), quitar pelusa invisible de la ropa, movimientos descontrolados con las manos, mover demasiado las piernas, no ejercer contacto visual con el interlocutor, limpiarse el sudor de la frente, aunque sea inexistente, entre otros. A todos estos gestos se les conoce como pacificadores (Figura 25).

Figura 25

A tomar en cuenta: No se puede interpretar el lenguaje corporal de otra persona solo con un gesto. Necesitas analizar la situación en la que se encuentra, el ambiente que la rodea y sus gestos y expresiones en conjunto. Si no lo haces te puedes equivocar en tu interpretación. Así por ejemplo si ves a una persona sentada con los brazos cruzados y solo analizas el gesto pensarás: "Está enojada" o "se siente incómoda y está a la defensiva". Pero, de repente si analizas el ambiente en el que se encuentra podrías darte cuenta de que solo tiene frío.

Lenguaje Corporal Durante Una Entrevista De Trabajo

Uno de los momentos más importantes en la vida de un ser humano es atravesar por una entrevista de trabajo. Tu trabajo ideal, tu trabajo soñado o simplemente aquel trabajo que mejor te conviene para ese momento está muy a tu alcance, pero te separa de él el entrevistador y la impresión que causes en él. Este será el encargado de determinar si eres apto o adecuado para el empleo que quieres comparándote con otros que, igual que tú, acudirán a la entrevista deseosos de ser ellos los que causen la mejor de las impresiones. Tienes que esforzarte entonces en ser tú el que le convenza, el que le cause buena impresión y, en eso el lenguaje corporal puede apoyarte de sobremanera.

Una entrevista de trabajo es la situación perfecta para que saques provecho del lenguaje corporal y todo lo que implica. Presta entonces atención a la siguiente información que te será de gran utilidad en este gran momento:

Tips útiles para causar una buena impresión al entrevistador:

Imagen Personal

Se ha mencionado antes que la imagen personal (elección de la vestimenta, corte de cabello o peinado, maquillaje, etc.) es un tipo de lenguaje corporal, lo que implica que en una entrevista de trabajo te ayudará a causar una buena impresión o todo lo contrario en caso de que la descuides. De hecho, puedes considerar tu imagen personal ese día como tu carta de presentación ¿Por qué? Porque comunicará algo al entrevistador aún antes de que logres siquiera presentarte.

Prácticamente lo primero que verá de ti será tu imagen completa, tu traje, falda, zapatos, labial, etc. Ya en ese momento se estará haciendo una imagen mental de ti.

Ponte en el lugar de un entrevistador, de una persona que está buscando un empleado para trabajar en una oficina de una empresa ¿Qué pensarías si llegara a la entrevista un hombre en camiseta, con pantalones cortos y sandalias?

Seguramente especularás que se equivocó de lugar, que en realidad estaba preparándose para ir de pesca y por accidente se topó contigo.

¿Y de una mujer luciendo un vestido de lentejuelas excesivamente corto?

Pensarás seguramente que va de fiesta.

Ninguna de esas elecciones de vestuario habla de seriedad o de profesionalismo. De lo que necesitas para ser un buen empleado de oficina ¿Los elegirías para el puesto?

Por supuesto que no, tampoco elegirán a alguien poco aseado o descuidado. El cuidado de tu imagen personal para la entrevista de trabajo será entonces, vital.

El color de vestimenta ideal para esa ocasión es el azul en todas sus tonalidades, que, según la psicología del color transmite profesionalismo e integridad. También el blanco que transmite pureza y frescura pero asimismo liderazgo. No obstante, puedes elegir cualquier otro color sobrio o pastel siempre y cuando:

➢ **En el caso de los hombres:**

- No uses ropa muy holgada.
- Vigiles que tu ropa o traje estén bien planchados.

➢ **En el caso de las mujeres:**

- No uses ropa muy provocativa, te hará ver poco profesional.

- No uses ropa muy ajustada.

- El calzado: Ni hombres ni mujeres deberían usar zapatillas deportivas para la ocasión, son demasiado informales. Hay que vigilar que los zapatos que se usen estén pulcros, muy limpios.

- Maquillaje: En el caso de las mujeres causarán más simpatía si se maquillan de forma natural en lugar de aplicarse exceso de maquillaje o colores muy brillantes de labial o sombra para ojos.

El Apretón De Manos

El momento del saludo o la presentación con tu entrevistador estará acompañado de un apretón de manos que nunca falta en ninguna entrevista de trabajo. Ese apretón de manos también comunica algo, es más profundo que un mero saludo.

¿Cómo debe ser este apretón para que causes una buena impresión?

El contacto debe ser palma con palma, vertical, en condición de igualdad, ya que si tú ofreces la palma hacia arriba estarás transmitiendo sumisión a la otra persona, lo que no te conviene si buscas un empleo de liderazgo o que requiera autoridad, y, ofrecer la palma hacia abajo será agresivo para tu interlocutor. En ese caso le estarás comunicando dominación.

Postura Adecuada

Durante tu entrevista de trabajo estarás sentado. Recuerda que tu postura forma parte también del lenguaje corporal.

A menudo, en la infancia las madres continuamente le reclaman a sus hijos la mala postura y, les están haciendo un favor en lo que al lenguaje corporal respecta.

Asegúrate de estar recto, de sentarte en una buena postura, si estás desgarbado causarás una mala impresión, parecerás perezoso. Solo sentándote correctamente recto no lo harás aunque, no se trata de que permanezcas recto como un árbol y rígido. Lo ideal es que estés recto pero que tus hombros se vean descansados. Lo contrario te hará lucir muy tenso, nervioso y ese día querrás mostrarte seguro de ti mismo.

Lo mejor que puedes hacer es estar relajado realmente, procura respirar para lograrlo, respirar te ayudará a calmar los nervios.

Contacto Visual

La falta de contacto visual habla de falsedad e inseguridad cuando se habla y, de falta de interés cuando es otra persona la que se expresa. Mantén entonces siempre contacto visual con tu entrevistador si no quieres causar en él una mala impresión.

¿No querrás que sienta que no te interesa lo que dice verdad? O que piense que le faltas el respeto o que eres muy tímido e inseguro.

Si se te dificulta mantener el contacto visual solo enfoca tu mirada en el triángulo que la frente y los dos ojos de tu entrevistador forman.

Correcta Modulación Del Tono De Voz

Vigila, cuando respondas a las preguntas de tu entrevistador que estás utilizando el tono de voz adecuado. Escúchate tú mismo para asegurarte. No deberías hablar ni muy alto ni muy bajo y tampoco ni muy lento ni muy rápido. Procura que tampoco te tiemble la voz. Relájate y respira.

La Sonrisa

A nadie le agrada una persona que nunca sonría. De hecho, el gesto universal para agradar es sonreír. No olvides hacerlo durante tu entrevista de trabajo. Procura que tu sonrisa sea sincera.

¿Qué Hacer Con Las Manos?

Usa tus manos para acompañar tus gestos cuando hables pero procura mantenerlas quietas y visibles.

Si tus manos están inquietas, si juegas con tus anillos, el reloj, etc. Tu entrevistador sabrá que estás nervioso y, si las escondes le causarás una mala impresión ya que eso, en lenguaje corporal grita falsedad. Para reducir el nerviosismo y relajar tu cuerpo, inhala y exhala varias veces, profunda y lentamente sin perder el enfoque en el entrevistador.

Errores a evitar durante la entrevista laboral:

Imagen Personal Descuidada

Hay que cuidar mucho la higiene para que la imagen personal sea adecuada. Las uñas deberían estar perfectamente limpias, los hombres deberían afeitarse para la ocasión, las mujeres deberían vigilar que los accesorios que usen para acompañar su vestuario no estén curtidos.

Hay que tomar en cuenta hasta el mínimo detalle en cuanto a la imagen personal respecta.

Exceso De Amarillo O Colores Brillantes En La Vestimenta

En la psicología del color el amarillo indica alegría, optimismo, jovialidad. Todas esas son características positivas pero, en una entrevista laboral o en reuniones laborales el amarillo no es adecuado pues su exceso puede denotar falta de seriedad, todo lo contrario al profesionalismo que querrás transmitir en esas situaciones. Lo mismo ocurre con los colores brillantes. No optes por ellos para la ocasión.

Cruzarse De Brazos

Cruzarse de brazos es el gesto defensivo más conocido entorno al lenguaje corporal aunque, puede tener varios significados dependiendo del contexto. Puede significar negación o enojo, algo que no te beneficia durante tu entrevista laboral. Evítalo.

Esconder Las Manos

Como se ha dicho antes, esconder las manos en lenguaje corporal significa falsedad así que no lo hagas, mantén tus manos visibles en todo momento.

Manos Inquietas

Cuando no estés hablando y no necesites usar tus manos para acompañar gestos junto a tus expresiones, mantenlas quietas. Nada de quitar pelusa invisible de tu traje o falda, nada de jugar con los accesorios que llevas o tocarte mucho la cara. Evita parecer inseguro por culpa de esos gestos.

La Vacilación En El Tono De Voz

Que tu tono de voz no te haga ver inseguro. Habla con confianza manteniendo un tono de voz adecuado.

Inclinarte En La Silla

Si te inclinas en tu silla tu entrevistador te percibirá como soberbio así que difícilmente le agradarás. Ese es un error que necesitas evitar.

Mentir

Si tu entrevistador sabe leer microexpresiones o si no has aprendido a ocultar bien tus expresiones faciales cuando mientes difícilmente le engañarás con mentiras. Además, si mientes durante la entrevista laboral estarás tenso. Lo mejor es evitar las mentiras.

Señales Negativas

Evitar contacto visual, mirar hacia abajo o para varias direcciones, fruncir el ceño, invadir el espacio íntimo, encorvar la postura, dar la mano sin firmeza, mover la cabeza en señal de "NO" cuando el otro está hablando y apretar los labios.

Tips Útiles Para Escoger Al Empleado Ideal

Si durante una entrevista de trabajo eres el entrevistador y no el entrevistado el lenguaje corporal de los que acudan a la entrevista puede ayudarte a conocer sus intenciones y, a escoger al empleado ideal.

Sé muy observador, así podrás leer las expresiones faciales y corporales de quienes acudan a la entrevista y escoger al final a la persona que necesitas realmente en el puesto. Analiza la sonrisa de la persona si es que te sonríe ¿Te transmite sinceridad o falsedad?

¿Realmente es una persona segura de sí? Está atento a los pequeños gestos de nerviosismo ¿Su voz tiembla al hablar? ¿Está sudando? ¿Mueve sus pies o manos frenéticamente? ¿Está sentado exageradamente rígido?

¿Te está mintiendo? ¿Piensa mucho antes de darte una respuesta? ¿Mira hacia arriba antes de responder? ¿Aprieta mucho los labios? ¿Parafrasea o repite la pregunta?

¿Es demasiado dominante? ¿Te ofreció la palma hacia abajo durante el apretón de manos? ¿Apretó tu mano con demasiada fuerza? ¿Luce una sonrisa demasiado arrogante y para nada sincera?

Señales positivas: Mantener los brazos y manos en posición neutral, y la cabeza y hombros levantados, mirar directamente al interlocutor, mover la cabeza en señal de "SI" cuando el otro está hablando y evitar muchos movimientos.

Consejos Para Tener Un Aspecto Carismático Durante Una Negociación

Es el momento ideal para que uses el lenguaje no verbal en tu beneficio. Durante una negociación puedes aprovechar el lenguaje corporal en tu beneficio tanto como lo harías en una entrevista laboral.

Lo básico en esa situación es que te muestres carismático porque si no agradas a tus interlocutores ni se interesarán por el mensaje de ventas que quieres transmitirles, ni cerrarás la negociación debido a eso. Lo contrario, es decir, si les resultas agradable, si les transmites honestidad y profesionalismo, querrán escucharte y muchos querrán comprarte pues les causarás una buena impresión, tus negociaciones simplemente mejorarán. Todo gracias al lenguaje no verbal.

Presta atención entonces a los siguientes consejos para transmitir a tus interlocutores una imagen carismática durante cualquier negociación:

Sencillez En El Vestir

Para causar una buena impresión y lucir accesible en una negociación deberías vestir formalmente (traje y corbata o camisa manga larga, faldas largas las mujeres), para transmitir profesionalismo, pero, a la vez deberías vestir con sencillez: Nada demasiado ostentoso o extravagante. Nada de colores muy brillantes.

Los colores seguros de vestimenta tanto para hombres como mujeres son el azul y el blanco, aunque cualquier color crema es válido y el rosa pálido es muy favorable también para las mujeres.

La Velocidad Del Habla Y Su Influencia En El Mensaje Que Se Transmite A Los Posibles Clientes

Si impartes tu discurso hablando demasiado rápido o demasiado lento te perjudicarás. Por un lado si hablas muy de prisa corres el riesgo de que tus interlocutores no capten adecuadamente tu mensaje de ventas o se pierdan en algún punto de tu discurso, si hablas demasiado lento, por el contrario, harás que pierdan el interés.

Debes modular la velocidad del habla, debes hablar a una velocidad intermedia, ni muy rápido, ni muy lento. Es lo más favorable.

El Sentimiento En La Voz

Si das tu discurso con rigidez y de manera monótona no captarás el interés de tus interlocutores.

¿Cómo lograrás que se interesen en lo que vendes si tú no transmites ese interés?

Imprímele sentimientos a tu discurso, entusiasmo y también algo de humor. Te ganarás a tu público de esa forma, ya lo verás.

Evitar La Familiaridad Tanto En El Lenguaje Verbal Como En El No Verbal

Cerrarás mejor tus negociaciones si tus interlocutores te encuentran agradable y carismático pues de esa forma les convencerás mejor de comprarte pero, también debes transmitirles profesionalismo, algo que no harás si eres excesivamente informal o familiar con ellos.

Intentas cerrar una negociación, no hacer nuevos amigos. No es el lugar o el momento así que evita la excesiva familiaridad: La proximidad o contacto inadecuados, el llamar a tus clientes por su nombre de pila o algún apodo.

Contacto Visual

Es importante que mantengas el contacto visual con tus posibles clientes tanto durante tu discurso como mientras ellos hablan. Ser esquivo con la mirada no te hará carismático, te hará ver inseguro y poco profesional.

Sonrisa

La sonrisa siempre será tu mejor complemento. Acompaña la reunión de negociación siempre con una en tu cara. Procura que tu sonrisa sea sincera o lo más parecido a una sonrisa sincera que puedas.

Las Microexpresiones

Se ha mencionado antes que las microexpresiones trata de expresiones faciales universales, involuntarias y espontáneas que no se pueden evitar y en ellas no hay falsedad. Paul Ekman, reconocido psicólogo estadounidense, es un investigador y pionero del estudio del lenguaje no verbal, concretamente las microexpresiones, quien menciona que primero aparece una reacción automática y estereotipada ante estímulos emocionales y justo después cada uno toma el control sobre sus gestos.

Paul Ekman y su colega Wallace V. Fiesen desarrollaron un sistema para etiquetar cada tipo de movimiento facial vinculado a un estado emocional llamado *Sistema de Codificación Facial.* Esto no significa que se puedan detectar mentiras tan solo identificando microexpresiones y menos leer los pensamientos.

Es difícil aprender a leerlas. Tendrías que ser muy observador ya que son rápidas en aparecer y desaparecer.

Algunos ejemplos de las microexpresiones más comunes para que las tengas en cuenta son las siguientes:

Alegría

Una sonrisa falsa o que no contenga alegría no causará ninguna reacción en el área o contorno de los ojos pero, una sincera sí lo hará. La microexpresión de alegría consiste en la aparición de arruguitas en los extremos de los ojos y párpados inferiores, las comisuras de los labios van hacia atrás y arriba y se levantan las mejillas. Además, cuando se ríe con alegría los ojos suelen adquirir cierto brillo y achinarse. Eso no ocurre con sonrisas hipócritas.

Enojo O Ira

Esta emoción es tan intensa que suele ser difícil de ocultar pero, hay expertos que lo logran. No obstante, aún los expertos en hacerlo no pueden evitar las microexpresiones características del enojo que son: Labios apretados, las cejas bajas y juntas, el ceño fruncido aunque sea ligeramente, párpados tensos y mirada dura en los ojos.

Sorpresa

Es un tipo de emoción neutra, la más breve en su duración y se muestra con los párpados abiertos, las cejas elevadas, la boca un poco abierta y arrugas horizontales en la frente.

Miedo

Se refleja en el rostro con los ojos muy abiertos para que captemos más fácilmente la amenaza que nos causa temor y que podamos escapar o defendernos. También la boca se mantiene abierta y los labios tensos o contraídos y las cejas levantadas y tensas con el párpado superior levantado.

Asco

Es un mecanismo de defensa que tenemos para proteger nuestro cuerpo y se manifiesta en los labios y mejillas levantadas, nariz arrugada y cejas empujando hacia abajo el párpado superior.

Tristeza

Esta emoción es atemporal, así se puede experimentarla cuando alguien recuerda una pérdida importante del pasado, presente o de futuro. Las microexpresiones características son: Las comisuras de los labios se inclinan hacia abajo Los ángulos interiores de los ojos hacia arriba. La piel de las cejas forma un triángulo.

¿Cómo Potenciar El Lenguaje Corporal?

Si deseas potenciar tu lenguaje corporal para aprovecharlo en tu beneficio en cualquier situación, laboral, personal o de la índole que sea necesitas practicar.

Tómate unos minutos diarios para mirarte al espejo o grábate con tu celular y sonreír de distintas formas hasta que consideres que la sonrisa que veas sea sincera. Entonces, trata de practicar esa sonrisa hasta que te salga natural.

Práctica de esta misma forma otro tipo de expresiones faciales o corporales que consideres que te conviene utilizar.

Si se te dificulta sentarte recto, practícalo también, hasta que encuentres tu postura recta y cómoda favorable.

Siempre que estés sentado y te adviertas encorvado, corrígelo de inmediato. Esto es vital porque necesitas hacer de la buena postura uno de tus hábitos.

En cuanto a tu tono de voz, lee en voz alta y usa distintas velocidades al leer así como distintos tonos de voz ¿Cuál forma te resulta más agradable?

Si te agrada a ti las posibilidades de que le agrade a los otros es amplia. Práctica tu discurso de ventas, lo que dirás en una reunión, etc. De esa misma forma: cambiando tu tono de voz y la velocidad de tu habla hasta que te sientas satisfecho.

Antes de una reunión laboral, discurso, entrevista, etc. practica incluso los movimientos de las manos que acompañarán tu exposición. Verás que de esta sencilla forma aprovecharás al máximo el lenguaje no verbal y su poder de persuasión.

Ahora bien, si lo que deseas es potenciar tu capacidad para leer el lenguaje corporal de otras personas lo que tienes que hacer es ser más observador.

La próxima vez que salgas a la calle siéntate en algún banco de una plaza o parque y dedícate a observar discretamente a las personas que allí estén socializando.

Analiza el lenguaje corporal de ellas, mira sus gestos y expresiones y el contexto general en donde se encuentran y saca tus pocas conclusiones.

Haz de este un hábito en distintos lugares.

En realidad no sabrás si acertaste o no en tu interpretación pero, este ejercicio te ayudará con tu propósito de entender mejor el lenguaje corporal.

Practica de esta forma y poco a poco dedícate a analizar lo que ocurre cuando tú mismo te comunicas con otras personas. Cada día te volverás más asertivo, ya lo verás.

Agradecimientos

En el punto culminante de este emocionante viaje, quiero extender mi gratitud más profunda a cada uno de ustedes. "El Lenguaje De Mi Cuerpo: Guía Práctica Del Lenguaje Corporal" ha sido un proyecto lleno de pasión y dedicación, y no podría haber llegado a buen término sin su apoyo y compromiso.

Agradezco a aquellos que, desde el principio, creyeron en la importancia de comprender el lenguaje corporal como una herramienta fundamental para el éxito. A todos los que contribuyeron con sus historias, sus experiencias y sus ejemplos inspiradores, les estoy eternamente agradecido.

A mi familia y amigos, quienes me han apoyado incondicionalmente en este viaje, les agradezco por su amor y su paciencia. Sus palabras de aliento y su apoyo inquebrantable han sido mi mayor fuente de inspiración.

A ustedes, queridos lectores, les agradezco por elegir esta guía como compañera en su búsqueda del conocimiento y la autotrascendencia. Confío en que este libro les haya proporcionado las herramientas y la inspiración necesarias para convertirse en maestros del lenguaje corporal y conquistadores de sus metas.

Recuerden siempre que el poder de la comunicación no verbal está en sus manos, y con él, pueden transformar sus vidas y las vidas de quienes los rodean.

Les agradezco por ser parte de este increíble viaje hacia el autodescubrimiento y el éxito. Que el lenguaje de sus cuerpos les guíe hacia un futuro lleno de logros, prosperidad y felicidad.

Con gratitud,

Milko Barandiarán

Sobre El Autor, Coach Milko Barandiarán

Milko Barandiarán Misic nacido en Lima Perú en 1979. Es Consultor en Finanzas y Gestión del Talento, Coach con PNL, Life Bioenergético y Transpersonal y Terapeuta Holístico Integral. Estudió Economía, realizó un máster en Dirección y Gestión Financiera y Alta Dirección Empresarial, postgrado en Gestión de Compras, Logística y Comercio Exterior y Diplomado en Gestión de Recursos Humanos, Innovación, Inteligencia Emocional, Terapia de Pareja, Tanatología y Mindfulness, así como certificaciones en Biodescodificación Transgeneracional, Constelaciones Familiares, Hipnosis, Alineación y Limpieza Energética, entre otros.

A lo largo de su experiencia consiguió avanzar en su carrera profesional en las áreas de riesgos, administración y finanzas de empresas nacionales y trasnacionales del rubro de seguros, inmobiliario y construcción. Con 30 años era gerente de administración y finanzas responsable de las áreas de contabilidad, finanzas, recursos humanos, administración, sistemas y seguridad en una empresa metalmecánica. Pero tras varios años de experiencia, se dio cuenta de que existían algunas oportunidades en la gestión del talento sobre todo en la recolocación y reinserción laboral, el desarrollo personal y la gestión e inteligencia emocional. Así pues, y tras su interés de ser emprendedor y ayudar a las personas, creó una empresa consultora enfocada en finanzas y recursos humanos. Adicionalmente, brinda sesiones de coaching y de terapias alternativas personalizadas. También ha sido speaker y facilitador del taller "Empleabilidad", "Marca Personal" y

"LinkedIn" para varias universidades. Desde entonces, ha ayudado a varias empresas, más de 250 personas han contratado sus servicios y más de 4100 personas se han suscrito a su boletín semanal en LinkedIn. Asimismo, ganó el Premio Éxito Awards en el 2014 en Dirección Empresarial en el rubro de consultoría en recursos humanos por su liderazgo, excelencia e innovación empresarial. Y ha sido voluntario, en cargos de dirección, en organizaciones del sector banca y servicios.

En el 2015 publicó, en El Portal de Capital Humano, "La Gestión del Talento y Las Redes", "Planeamiento Estratégico en RRHH", "El Talento en la Red", "Reclutamiento y Seleccion 2.0" y "Personal Branding". En el 2016 publicó los artículos "El Inplacement y las organizaciones que afrontan los cambios con la ayuda de sus colaboradores" y "¿Qué es el employer branding?". Y en el 2017 publicó los artículos "5 herramientas efectivas del coaching empresarial" y "El futuro de los empleos y las necesidades de las organizaciones".

En el 2020 publicó "El Lenguaje de Mi Cuerpo: Guía Práctica Del Lenguaje Corporal", su primer libro, cuyo tema central es el lenguaje corporal y el impacto que tiene la comunicación no verbal en las interacciones cara a cara.

"Desata tu Potencial: Domina LinkedIn Ahora Mismo" (2023), su segundo libro, es una guía práctica para potenciar tu marca personal y forjar lazos profesionales más allá de las fronteras y los límites convencionales.

Y su tercer libro, "Abriendo puertas a la oportunidad: Descubre cómo conseguir tu trabajo ideal hoy" (2023), su tercer libro, es una guía completa y práctica que te enseña cómo destacarte en el mercado laboral y conseguir el trabajo de tus sueños.

Actualmente tiene un podcast en Spotify llamado ¡Vive Consciente!. Asimismo, realiza colaboraciones semanales con diferentes profesionales en redes sociales.

Enlaces De Contacto Con El Coach Milko Barandiarán

LinkedIn: https://www.linkedin.com/in/coachmilkobm

Facebook: https://www.facebook.com/coachmilkobm

Tiktok: https://www.tiktok.com/@coachmilkobm

Instagram: https://www.instagram.com/coachmilkobm

Youtube: https://www.youtube.com/@coachmilkobm

Twitter: https://twitter.com/coachmilkobm

Spotify: https://bit.ly/spotifycoachmilkobm

Correo electrónico: coachmilkobm@gmail.com

Bibliografía

- Freepik. "Free Vectors, Stock Photos & PSD Downloads". **https://www.freepik.com/**
- Real Academia de la Historia. "Diccionario Biográfico Español". **https://dle.rae.es/**
- PokerTube. "Why Was Rounders a Great Movie for Poker?". **https://www.pokertube.com/article/why-was-rounders-a-great-movie-for-poker**
- My Own Style. **"**Lenguaje o comunicación no verbal". **https://urtzisanchez.wordpress.com/2013/12/21/lenguaje-o-comunicacion-no-verbal/**
- Pamela Jean. "Lenguaje Corporal". **https://www.pamelajean.mx/blog-lenguajecorporal**
- EKMAN, Paul. **"Emotions Revealed, Second Edition: Recognizing Faces and Feelings to Improve Communication and Emotional Life"**. Holt Paperbacks.
- GORDOA, Víctor. **"El poder de la imagen pública"**. Plaza y Janés Editores, S.A.
- GREENE, Robert. **"El arte de la seducción"**. Grupo Editorial Océano.
- LAKHANI, Dave. **"Persuasión – El arte de influir"**. Profit Editorial.
- LEANNE, Shel. **"Hablar como Obama"**. Profit Editorial.
- NAVARRO, Joe & KARLINS, Marvin. **"El cuerpo habla".** Editorial Sirio.
- PEASE, Allan y PEASE, Barbara. "**El lenguaje del cuerpo**". Editorial Amat.

- REBEL, Gunther. **"El Lenguaje Corporal"**. Editorial Edaf.
- TURCHET, Philippe. **"El lenguaje de la seducción"** Editorial Amat.

Table of Contents